AF262255

NOTICE

SUR

QUELQUES ŒUVRES DE CHARITÉ

QUE L'ON PEUT FAIRE EN CHINE

IMPRIMERIE COOPÉRATIVE DE REIMS

(E. GÉNY, dir.)

24, rue Pluche, 24

—

1876

NOTICE

QUELQUES ŒUVRES DE CHARITÉ

Que l'on peut faire en Chine.

Le champ des bonnes œuvres est immense. Dieu l'a voulu ainsi, afin de laisser une plus vaste carrière au zèle des fervents catholiques.

Toutes les bonnes œuvres se divisent en deux catégories. Les unes ont pour objet le soulagement des misères humaines, des misères temporelles, telles que les pauvres, les orphelins, les malades, les vieillards, etc. ; les autres ont pour objet plus ou moins direct le salut des âmes.

Sauver une âme, c'est assurément acquérir aux yeux de Dieu un mérite bien supérieur à celui qu revient d'une aumône matérielle faite à un pauvre.

Les pays idolâtres, tels que la Chine, qui compte à elle seule plus de 400 millions d'infidèles, offrent un champ presque illimité aux bonnes œuvres toutes spirituelles dont le but direct est le salut des âmes. Avec une modique aumône, on peut être là-bas l'instrument du salut éternel d'un bon nombre d'âmes.

Nous qui avons passé près de trente ans de notre vie dans le sein de l'empire chinois, nous voudrions pouvoir dire à tous les fervents catholiques de l'Europe :

Devenez Missionnaires avec les apôtres de Jésus-Christ.

Tous les fidèles peuvent le devenir, s'ils le veulent, à des degrés plus ou moins rapprochés.

Ils en seront convaincus après avoir lu la notice suivante :

1° ŒUVRE DES CATÉCHISTES.

Le missionnaire ne peut prêcher lui-même l'Evangile aux Chinois. De toutes ses souffrances physiques et morales, celle de ne pouvoir annoncer le vrai Dieu aux infidèles est assurément la plus poignante.

S'il essayait de le faire, il serait aussitôt reconnu comme Européen et sa personne courrait les plus grands dangers. Il exposerait au même sort les néophytes qui lui donnent l'hospitalité. Si la palme du martyre est digne d'envie, elle n'est pas le but de l'apostolat lointain.

Pour étendre le règne de Dieu, le missionnaire est donc obligé d'employer des intermédiaires. Ce sont de fervents néophytes qui consacrent leur vie à Dieu. Ils jouent en Chine, dans nos églises naissantes, un rôle analogue à celui des diacres de la primitive Eglise, sauf le caractère sacré dont ils ne sont point revêtus. On leur donne le nom de catéchistes.

Ces catéchistes sont les auxiliaires indispensables du missionnaire. Sans eux, le ministère du prêtre se réduirait à la seule action sur les chrétiens du pays. Plus un missionnaire peut attacher de catéchistes à sa suite, plus il baptise d'infidèles, plus il étend le règne de Dieu. Une foule de néophytes seraient heureux de devenir catéchistes ; mais le missionnaire ne peut malheureusement qu'en recevoir un nombre fort limité à cause de la modicité de ses ressources. La plupart des missionnaires ne peuvent entretenir que 2 ou 3 catéchistes à la suite. Aussi le bien qu'ils opèrent dans l'œuvre de la conversion des infidèles est-il fort restreint.

D'autres missionnaires plus heureux ont le bonheur de recevoir, les uns de leurs familles, les autres de leurs amis d'Europe, des aumônes assez abondantes pour entretenir huit, dix, douze catéchistes à leur suite. Ces missionnaires ont l'immense consolation de voir, chaque année, un grand nombre d'infidèles embrasser la foi et une foule de petits enfants moribonds recevoir le saint baptême.

Les catéchistes ne reçoivent aucun salaire. Le missionnaire pourvoit à leur nourriture et à leur entretien, dans des conditions fort modestes, et voilà tout. La dépense d'un catéchiste est d'environ 32 à 35 ligatures chinoises par an ; ce qui fait en monnaie de France de 210 à 220 francs.

Les catéchistes se divisent en quatre classes : 1° Il y a les catéchistes *prédicateurs*.

Ce sont les plus capables, les plus intelligents et les plus instruits qui remplissent la haute et importante fonction d'annoncer l'Evangile aux infidèles, sous la direction du missionnaire. Ils cherchent toutes les occasions de faire connaître le vrai Dieu et de déterminer les infidèles à embrasser la foi chrétienne.

2° Il y a les catéchistes *instructeurs*. Lorsqu'un infidèle a embrassé la foi de Jésus-Christ, on ne peut lui conférer de suite le saint baptême. Comme dans la primitive Eglise, il doit passer par les divers degrés du catéchuménat ou temps de probation. D'ordinaire, ce temps d'épreuve dure environ deux ans. Ce terme semble long ; en réalité, il est bien court. Un infidèle n'est pas sans de nombreux défauts. Avant le baptême, il faut qu'il amende sa conduite, corrige ses vices, mène une vie digne de Jésus-Christ et de la gloire éternelle. En outre, cet infidèle converti doit connaître à fond tous ses nouveaux devoirs de chrétien. Il ne peut les connaître qu'après une sérieuse étude de la doctrine catholique. Disciple de Jésus-Christ, sa vie ne lui appartient plus ; il doit être prêt à en faire le sacrifice, s'il le faut, ainsi que celui de tous les biens de la vie. Les catéchistes *instructeurs* ont pour mission spéciale de former, de diriger, d'instruire ces infidèles convertis, de les préparer au saint baptême et aux autres sacrements.

3° Il y a les catéchistes *ministres* du missionnaire. Ces catéchistes suivent sans cesse le prêtre et ne le quittent point. Leur fonction est de le seconder dans son ministère apostolique, en instruisant les chrétiens, en les disposant à recevoir avec ferveur les sacrements, etc. Ils sont les secrétaires du missionnaire pour ses lettres chinoises et lui rendent mille autres services tous plus ou moins précieux.

4° Il y a les catéchistes *baptiseurs*. Ceux-ci, après avoir fait une étude suffisante de la médecine chinoise, sont consacrés à l'œuvre de la Sainte-Enfance, c'est-à-dire à l'œuvre du salut des enfants moribonds. On les envoie deux à deux dans les bourgs, les villages, les hameaux, à la recherche des petits enfants payens en danger de mort. Ces pieux catéchistes donnent les consultations et les remèdes *gratis* à tous leurs petits malades.

En *moyenne*, ils baptisent chaque jour *deux* ou *trois* enfants moribonds : ce qui fait de *huit à neuf cents* enfants baptisés en une seule année. La dépense de ces médecins est la même que celle des autres catéchistes.

Au moyen d'une somme aussi modeste que celle de 210 à 220 fr., on peut donc procurer le salut éternel à plus de 800 enfants infidèles en une seule année ! Quel prêtre en France est, dans toute sa carrière sacerdodale, l'instrument de salut d'un aussi grand nombre d'âmes ?

Entretenir un ou plusieurs catéchistes à la suite d'un missionnaire, c'est prendre une part active aux travaux de son apostolat et, par contre, à la récompense dans le ciel. La promesse du Sauveur est infaillible.

2° ŒUVRE DES PHARMACIES.

La Chine est remplie de villes qui ne comptent aucun adorateur du vrai Dieu.

Le défaut d'une liberté religieuse, le caractère défiant des Chinois, ne permettent pas d'aller prêcher l'Evangile sans connaître ceux auxquels on s'adresse, sans avoir une entrée naturelle auprès d'eux.

L'œuvre admirable de la Sainte-Enfance qui, au premier aspect, semble n'avoir pour but que le salut et le rachat des enfants chinois, a peut-être, dans les desseins de Dieu, pour objectif plus direct, le salut des adultes infidèles. C'est là, du moins, la conviction du vieux missionnaire qui écrit ces lignes après un long séjour dans la Chine.

Toute ville chinoise dans laquelle on établit une pharmacie en faveur des enfants moribonds ne tardera pas à compter dans son sein un noyau d'adorateurs du vrai Dieu. Nous osons affirmer du succès de ce moyen. Rien, d'autre part, n'est plus facile que l'établissement d'une pharmacie dans une ville chinoise.

On loue une boutique dans une rue convenable de la ville. Un ou deux catéchistes-médecins en prennent possession, après avoir placé une magnifique enseigne chinoise qui annonce que tout enfant malade, au-dessous de l'âge de 7 ans, recevra là des consultations et des remèdes gratuits.

Les infidèles ne sont pas habitués à de semblables actes de charité. Ils s'empressent d'apporter à la pharmacie leurs petits enfants malades.

Dans une ville de quatre-vingt à cent mille âmes, (et ces villes sont nombreuses en Chine), on confère le saint baptême à *douze ou quinze* cents enfants moribonds dans une année. Quelle belle et riche moisson ! Quel apostolat !

Pour obtenir un résultat aussi consolant, la dépense est relativement minime.

En voici le sommaire :

Location d'une maison, environ	100
Entretien de deux médecins	450
Achat de remèdes	100
Total,	650

Ainsi toute personne charitable qui établit en

Chine une pharmacie peut, avec cette modeste somme, sauver, chaque année, un grand nombre d'enfants moribonds. En outre, elle contribuera directement à faire planter la foi dans une ville toute païenne. Une année ne s'écoule jamais sans que le vrai Dieu ne compte plusieurs fervents adorateurs, dans une ville où l'on aura établi une pharmacie.

Ceux qui fonderont cette belle œuvre dans une ville chinoise recevront chaque année, soit du vicaire apostolique, soit du missionnaire de la localité, des nouvelles de leur œuvre de prédilection. Ils pourront de la sorte suivre toutes les phases des succès de cette pharmacie et jouir de la consolation intérieure que procure le bonheur d'avoir fondé une si belle œuvre.

3. — ŒUVRE DES VIERGES CHINOISES.

La conversion des dames de la Chine ne peut avoir lieu que par le ministère des vierges ou religieuses chinoises.

Ces vierges, quant à l'austérité, peuvent être comparées aux Carmélites ou aux Trappistines d'Europe.

Comme les catéchistes, elles sont divisées en quatre catégories. Les unes prêchent exclusivement aux dames idolâtres pour les amener à la vraie foi ; les autres sont consacrées à instruire, à préparer au saint baptême les femmes nouvellement converties au christianisme.

Celles-ci vaquent à l'éducation et à l'instruction religieuse des jeunes filles chrétiennes ; celles-là préparent aux sacrements les femmes catholiques. Enfin, une division spéciale de vierges chinoises a pour mission le soin et la direction des asiles, des orphelinats créés en faveur des petits enfants infidèles exposés journellement dans les villes, recueillis par la charité chrétienne et entretenue avec les aumônes de la Sainte Enfance.

Les services que rendent ces bonnes vierges chinoises ne sont ni moins nombreux ni moins importants que ceux des catéchistes. Leur entretien est moins dispendieux que celui des catéchistes. Cela se conçoit aisément.

Pourvoir à l'entretien de quelqu'une de ces vierges est donc une œuvre de charité de premier ordre et une participation directe à l'apostolat des missionnaires.

4° ŒUVRE DU CLERGÉ INDIGÈNE.

La plupart des fidèles se persuadent qu'en partant pour la Chine, le premier soin du missionnaire comme le premier but de l'apostolat est de travailler à la conversion des infidèles.

C'est une erreur. Il y a une œuvre qui prime celle-là par son excellence aux yeux de Dieu et de l'Eglise.

Cette œuvre capitale d'une mission est la formation d'un clergé indigène.

Le pape Innocent XI, écrivant aux missionnaires de la Chine, leur dit, entre autres choses remarquables, cette parole mémorable :

« J'apprendrai avec plus de joie l'ordination d'un
» seul prêtre indigène que la conversion de cin-
» quante mille idolâtres. »

Les Souverains-Pontifes qui ont gouverné l'Eglise jusqu'à Pie IX inclusivement, n'ont cessé, dans leurs lettres apostoliques adressées aux missionnaires, de recommander fortement l'œuvre du clergé indigène.

L'avenir d'une mission est toujours précaire tant qu'il repose presque exclusivement sur des missionnaires d'origine étrangère au pays. En temps de persécution, les missionnaires européens ont bien de la peine à se cacher. Mis à mort, comme la chose est advenue de nos jours en Corée, il ne reste plus personne pour prendre soin de ces Eglises naissantes. Les prêtres indigènes, au contraire, n'ont pas besoin de se cacher, n'ayant rien qui les fasse reconnaître, ni comme chrétiens, ni comme prêtres de la religion catholique.

Par ce peu de mots, on sent tous les services que peuvent rendre à une mission les prêtres indigènes.

Mais l'éducation des jeunes Chinois destinés à la cléricature est tout à la charge des missionnaires.

La dépense d'un enfant chinois admis au séminaire est à peu près la même que celle des catéchistes, à cause de certaines dépenses particulières, telles que l'achat de livres latins et chinois nécessaires à leur instruction.

Entretenir un élève chinois destiné à la cléricature, paraîtra à tout le monde comme au missionnaire une œuvre qui surpasse encore toutes celles que nous avons énumérées plus haut.

5. — ŒUVRE DES ORATOIRES.

On ne peut encore élever des églises en Chine à cause du défaut de liberté.

La réunion des néophytes a lieu dans des oratoires domestiques, érigés au sein de la demeure d'une famille chrétienne.

Malgré leur simplicité, ces oratoires domestiques sont en grande partie construits avec les ressources que fournissent les missionnaires.

Un oratoire domestique, avec ses dépendances pour le logement du missionnaire et de ses catéchistes, exige une dépense de douze à quatorze cents francs. En Europe, on aurait peine à croire qu'avec une somme aussi minime on puisse ériger un oratoire domestique et une spacieuse demeure pour le missionnaire et les gens de sa suite. Ces oratoires sont indispensables dans une chrétienté. Sans eux, les exercices annuels de la visite du missionnaire ne peuvent avoir lieu dans une localité. D'une autre part, chacun sait combien est minime l'aumône que reçoit chaque missionnaire de la Propagation de la Foi. Aussi, pour ériger un oratoire domestique, le missionnaire fonde-t-il son espérance en la charité des fidèles de l'Europe.

Pour terminer cette notice, disons que la grande œuvre de l'application des mérites infinis de Notre-Seigneur est loin d'être terminée. Plus de trente et même quarante royaumes de l'Asie centrale n'ont jamais vu un seul prédicateur de l'Evangile. Le genre humain, d'après notre estimation, compte un milliard et demi d'habitants, au moins. C'est à peine si l'on compte deux cents millions de catholiques dans tout l'univers. Que d'infidèles encore à convertir ! Que d'âmes à éclairer !

Prions chaque jour avec ferveur le Seigneur d'envoyer de nombreux missionnaires à sa vigne, car la moisson est abondante et les ouvriers apostoliques, hélas ! bien peu nombreux. *Messis quidem multa ; operarii autem pauci.*

Enfin, souvenons-nous sans cesse de cette parole

de la Sainte-Ecriture : Celui qui sauve une âme, sauve en même temps la sienne et rachète la multitude de ses fautes.

Qui converti fecerit peccatorem ab errare viæ suæ salvabit animam ejus et eperiet multitudinem peccatorum (saint Jacques).

Un Missionnaire.

Imp. coop. de Reims, 24, rue Pluche (E. Gény, dir.)

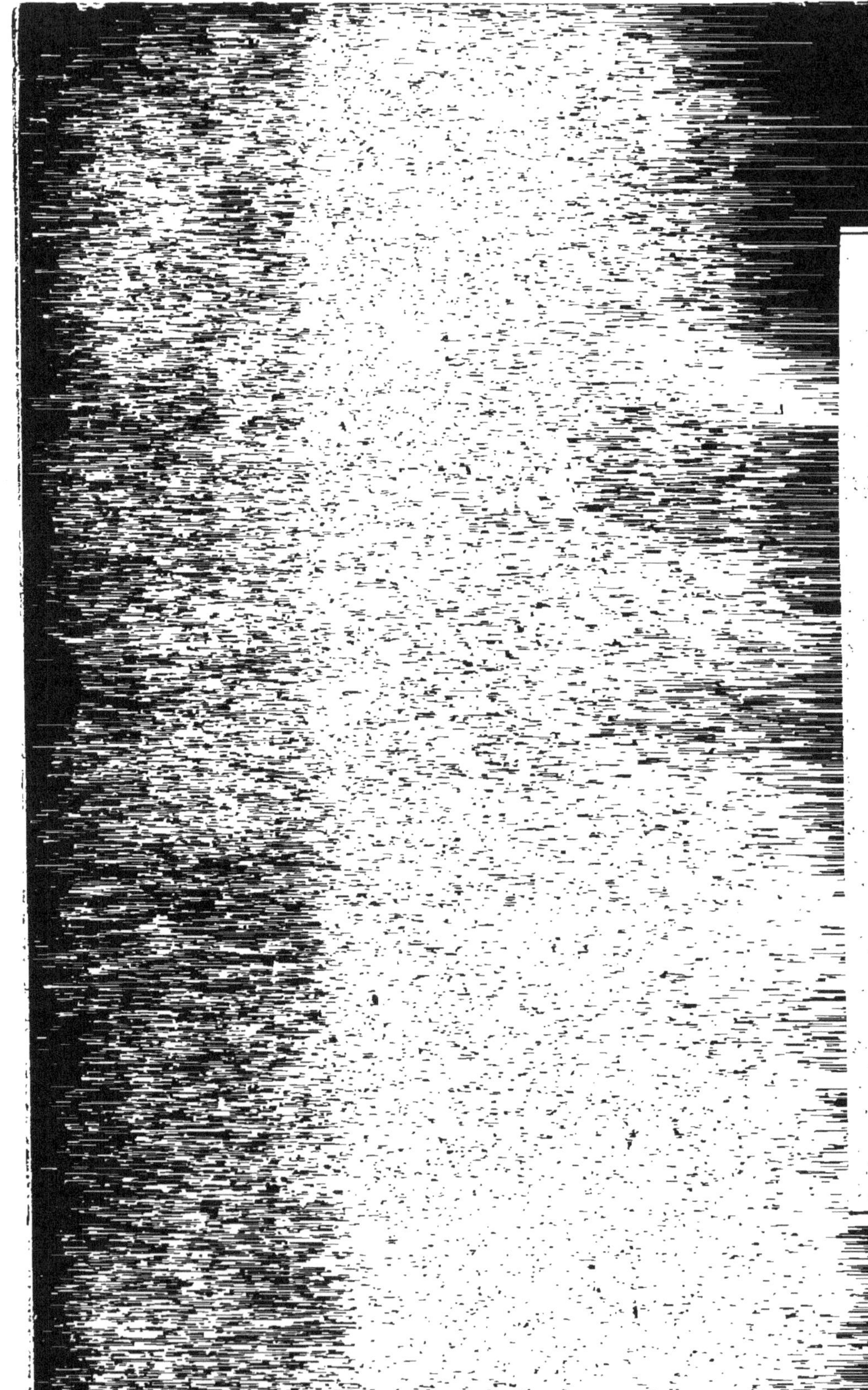